AF562842

QUELQUES RÉFLEXIONS

SUR

LA DERNIÈRE BROCHURE

DE CHATEAUBRIAND

RELATIVE A LA DUCHESSE DE BERRI.

QUELQUES RÉFLEXIONS

SUR

LA DERNIÈRE BROCHURE

DE CHATEAUBRIAND

RELATIVE A LA DUCHESSE DE BERRI,

Par Emile LABADIE.

Veritas, nil nisi veritas.

PARIS,

IMPRIMERIE DE AUGUSTE MIE,

RUE JOQUELET, N° 9. PLACE DE LA BOURSE.

1833.

UN MOT.

J'ai hésité très long-temps à jeter cet écrit à la publicité. Je me disais : il n'est pas assez d'avoir l'âme tranquille, et la conscience heureuse, il faut encore se mettre à l'abri d'une interprétation défavorable de la part du public.

Des hommes victimes du plus noble dévouement, gémissent dans d'étroites prisons sous les verroux d'une tyrannie infâme. Mme Berri toute souillée du sang de mes concitoyens, reçoit pour châtiment de ses crimes un palais pour prison! Mais est-il toujours vrai que cette femme privée de sa liberté, et par une mesure si monstrueusement illégale, conserve, pour ce fait, les droits du malheur! En un mot, je craignais d'être accusé d'insulter au malheur.

Quelques amis m'ont fait sentir le préjugé qui, sans m'en être aperçu, me tenait sous son empire. Que ce faux prétexte, m'ont-ils dit, d'insulter au malheur, qui se réduit le plus souvent à ce qu'on appelle dans le monde *les convenances*, et qui n'est pas ce sentiment généreux d'une grande âme; que ce prétexte ne nous fasse point perdre des vérités utiles. Plaignons, respectons le malheur partout où il se trouve, et stygmatisons le crime partout où il se trouve. Nous ne pourrons être accusés que par des complices, ou par des hommes dont les consciences ridiculement timorées ne sont plus de ce temps.

Elevé à l'école du Peuple, j'ai appris à m'affranchir de ces *convenances* qui ne sont que des masques raffinés et polis, qui couvrent dans la société des grands, la hideuse physionomie du vice. Je m'exprime avec la franchise d'un *prolétaire libre* contre le système de Chateaubriand qui rappelle trop l'aristocratie; et l'aristocratie diamétralement opposée au but philantropique dans lequel elle a été, sans doute, primitivement fondée, est maintenant un monstre dont j'ai *peur*.

QUELQUES RÉFLEXIONS

SUR

LA DERNIÈRE BROCHURE

DE CHATEAUBRIAND

RELATIVE A LA DUCHESSE DE BERRI.

Veritas, nil nisi veritas.

Honneur à un homme qui par un mouvement sublime de son âme, se dévoue tout entier à la défense du malheur, quel que soit l'individu qui en est frappé, et quelque coupable qu'il soit; mais honte à celui qui mû par un intérêt égoïste, ou ridiculement soumis au prestige d'un nom qui rappelle une haute puissance, réserve pour tel ou tel le secours d'un talent qui devrait être pour tous.

Chateaubriand, dans sa dernière brochure légitimiste, s'attache moins à défendre une accusée, qu'à nous faire la déification de la *fille de Charles X*, *la mère de Henri V*, *la sœur du dauphin et de la dauphine*, *du roi de Naples*, *de la reine d'Espagne*, *la nièce de l'empereur d'Autriche*, *et d'un roi et d'une princesse maintenant sur un trône en France.*

Pourquoi l'illustre écrivain vient-il nous faire de quelques noms propres, un si pompeux étalage? Est-ce pour nous faire peur de la foudre vengeresse que la ligue des rois lancerait sur nous, si celle dont il prend *officieusement* la défense était condamnée, ou plus long-temps détenue?

Mais depuis trop long-temps sont en présence l'hérédité monarchique et la souveraineté populaire, depuis trop long-temps nous, hommes de Juillet, nous appelons de toutes nos forces le choc de ces deux principes opposés, parce que de ce choc jaillira infailliblement le principe vivifiant d'une ère nouvelle; parce qu'à l'ère des rois succédera l'ère des peuples; sur les fictions s'élevera la vérité.

Toutefois notre sublime révolution de Juillet, a jeté une parole qui fructifiera et produira une transformation générale et complète. Notre révolution est un phare immense placé au faîte de la civilisation, qui jette des flots de lumière sur le monde, et qui amarrera tôt ou tard à son bord les dociles vaisseaux des nations.

Ou bien Chateaubriand veut-il faire de cette race de rois un talisman puissant pour en exercer la vertu sur l'esprit superstitieux des juges en présence desquels il plaide sa cause? Mais le défenseur sait bien que la magie d'une naissance même royale, encore toute puissante sur la barbarie du moyen âge, s'est absorbée tout entière dans la marche des siècles successifs, et que Juillet, avec toute la force de la lumière sur les ténèbres, en a effacé jusqu'au plus léger souvenir. Le colosse de son génie, Chateaubriand! se brisera comme un fragile verre contre le colosse mille fois plus imposant du progrès. On lira sa brochure pour ses phrases habilement arrondies, qu'on admire quelques heures, et puis qu'on oublie.

« Qu'avons-nous à craindre, se disent les légitimistes, pour la prisonnière de Blaye? Les mœurs ne sont plus aux assassinats légaux. » Les mœurs éclairées du flambeau de la liberté sont à une justice égale, souveraine qui n'admet pas de vains priviléges. Mad. Berri doit être jugée d'après la loi commune du code, et par l'ordonnance du 8 novembre qui la soustrait à l'investigation des tribunaux; le Pouvoir actuellement existant usurpe de la manière la plus flagrante, les droits d'un Pouvoir distinct, par cela même il viole ouvertement nos lois fondamentales, et heurte de front la puissance des mœurs du siècle.

Ces hommes qui, après une victoire à laquelle ils n'avaient pris aucune part, en ont pillé tout le butin, au moyen duquel ils se sont échafaudés pour arriver au pouvoir; ces hommes, maintenant, s'évertuent à bâtir des sophismes pour consacrer un principe dérisoire qu'ils ont eux-mêmes, mais lâchement, méprisé les premiers: l'inviolabilité royale; et ils disent: peut-on traîner *un membre d'une famille qui a régné à la barre d'un jury bourgeois?* Monstrueuse platitude! Quand la tyrannie qui n'avait laissé jaillir que quelques uns de ses rayons impurs à travers le voile dont on s'efforçait de la couvrir, se fut montrée dans tout son jour, le fantôme de l'inviolabilité arrêta-t-il l'éclat de la justice du peuple? Qu'opposa-t-il à ces bataillons hérissés de fer et de feu, vils instrumens de la tyrannie? des bras tout nus, invinciblement forts du plus imprescriptible et du plus sacré de tous les droits, *la liberté!*

Vous ne pouvez, vous légitimistes, opposer en faveur de votre idole, qu'un prestige désormais impuissant et ridicule, à l'action d'une justice impartiale; car, à part ce prestige (et il n'existe que dans le débile cerveau de quelques fanatiques) quel châtiment mérite Mad. Berri? Qu'a-t-on fait à Jeanne pour avoir été trouvé les armes à la main? Et du fait de la chouanne Berri au fait du républicain Jeanne, il y a toute la distance d'une criminelle ambition à un noble désintéressement, de la lâcheté à l'héroïsme, du vice à la vertu! . . . .

Mad. Berri, du fond de son exil, poussée par le cuisant dépit d'un orgueil frappé au visage est venue dans un pays qui l'a bannie, déployer un drapeau proscrit, jeter le brandon des discordes civiles, se servir de quelques dévoués fanatiques pour exercer les plus affreux brigandages et faire couler des flots de sang Français; (c'est ce que Chateaubriand ne rougit pas d'appeler les grandeurs nouvelles de la duchesse de Berri), et les crimes de Jeanne sont de s'être laissé emporter par cet élan magnanime qui n'est l'apanage que des grandes âmes!

Lui, Jeanne, pourra être prévenu de guerre civile, et condamné comme tel, c'est un particulier. Mais la duchesse de Berri est un membre d'une famille qui a régné, et *elle n'a fait qu'user d'un droit de souveraineté dont elle se regarde investie comme régente; car ni Dieu ni le peuple n'ont encore prononcé le divorce entre sa famille et les Français*.

Sommes-nous donc revenus aux temps des saints massacres et des saints assassinats pour la grande gloire de Dieu! Des inspirations divines ont-elles transporté l'ex-princesse dans la Vendée pour armer les citoyens les uns contre les autres, et les faire s'entr'égorger? A-t-il fallu apaiser la colère du Dieu de paix et de miséricorde irrité de la violation de son droit, avec le sang innocent de milliers de victimes humaines? Pensez-vous qu'il suffise de vos belles phrases pour faire valoir dans l'esprit des Français du XIXe siècle, de si épouvantables rêveries?

C'est sur le principe de l'impeccabilité d'un membre d'une famille qui a régné, que vous bâtissez votre raisonnement; vous ne nous paraissez que conséquens, légitimistes.

Mais que le gouvernement né de Juillet au mépris des lois, de la justice et de la raison, respecte l'évocation de ce principe imbécile et barbare sans la mort duquel il ne pouvait recevoir la vie, c'est une monstruosité infernale, c'est un fils infâme qui égorge sa mère!

D'après votre piteux raisonnement, Mme Berri ne recevant d'autre châtiment que celui d'être forcée de garder le ban qu'elle a rompu, reviendrait interminablement, *usant du droit qu'elle a reçu de Dieu*, soulever en France de nouveaux troubles qui coûteraient toujours le sang de nouveaux citoyens. La loi Bricqueville, n'étant revêtue d'aucune sanction pénale, ne saurait être applicable dans la cause; un délit existe, personne ne le conteste, le châtiment est nécessaire; et le rapporteur de cette loi disait avec raison que, *si*, *oubliant la clémence d'un grand peuple les princes déchus venaient provoquer à la guerre civile et tramer des complots*, *dégradés de leurs dignités*, *dépouillés de leur puissance* (qui n'existent plus depuis juillet de cela même que ces princes ont été déchus) *ils tomberaient comme des accusés vulgaires sous l'action ordinaire des lois*. Serons-nous donc toujours, et toujours impunément nargués par les éternels ennemis de nos libertés? Lors de la déplorable restauration, des hommes généreux, des braves qui, tant de fois avaient affronté le fer et le feu de l'ennemi sous le drapeau du grand homme, et qui en avaient rapporté les honorables blessures que coûte souvent la victoire, ces braves étaient lâchement insultés par ces bourreaux de toute liberté. Ces hommes d'honneur, ne pouvant obtenir de ces lâches une rencontre catégorique, avaient recours à la justice des tribunaux. Qu'arrivait-il? Les juges serviles valets du gouvernement renvoyaient acquités les provocateurs convaincus, avec ce seul considérant : *Excès de zèle*. Le cœur de tout honnête homme ne saigne-t-il pas, frappé de ces impudentes turpitudes?

Et le gouvernement de Philippe arrêtera le cours ordinaire de la justice, ou n'osera pas livrer à son action, ce même parti fauteur de guerre civile!

Dans quelle monstrueuse position le gouvernement né de Juillet se trouve placé! Comme il l'avoue naïvement lui-même quand il dit : *Si madame la duchesse de Berri eût été condamnée, l'autorité royale devenait responsable de sa clémence ou de son impassibilité.* (1) C'est dire en d'autres termes : « La duchesse de Berri condamnée, l'autorité royale ne peut rester impassible, la physionomie de la Sainte-Alliance se montre trop menaçante ; elle ne peut pas faire usage de sa prérogative, parce que l'irresponsabilité de la couronne n'est plus qu'une fiction que nous méprisons tous, et que la France lui crie, justice ! d'un côté, comme de l'autre, l'autorité royale ne pourrait qu'encourir une responsabilité dangereuse et terrible. Et chose étrange! on croit la décharger de la responsabilité en en référant aux Chambres; c'est-à-dire en faisant jouer à celles-ci le rôle de la convention !

Quel homme, voyant le gouvernement placé sur cette pointe, ne dirait : Il n'y peut rester longtemps debout?

Si vous aviez franchement suivi la voie que Juillet vous a ouverte, si vous n'aviez pas laissé périr la Pologne, abandonné l'Italie, cédé la Belgique qui toutes avaient répondu à l'appel de la France et lui tendaient les bras de la fraternité, vous ne seriez pas réduits à craindre ceux qui vous

(1) Moniteur.

ont généreusement ouvert le chemin du pouvoir, vous ne seriez pas abaissés à ménager servilement les orgueilleuses susceptibilités de la Sainte-Alliance, mais la France remplissant la mission que la providence lui a donnée, brillerait comme le soleil sur les nations riches de sa lumière.

Toutefois, cette mission n'est que différée. Votre domination ne saurait l'entraver long-temps. Encore làs de son effort surhumain, le peuple de Juillet dort. Vous profitez de ce sommeil sublime pour exercer impunément votre impiété. Appuyée d'un pied sur le colosse de Juillet, de l'autre sur le cadavre de la restauration, on voit s'élever votre tyrannie bâtarde; mais votre juste-milieu, regardez-y! est un gouffre béant toujours prêt à vous engloutir, quand le peuple, réveillé à la marche bruyante de votre despotisme, fera un mouvement pour se lever.

Peut-être le moment du réveil est-il fixé au dénouement de la pièce dont Mad. Berri est l'héroïne.

Peut-être que de cette circonstance surgira un pouvoir qui renversera l'obstacle importunément mis en travers de la voie de Juillet.

Les légitimistes dont Chateaubriand est l'organe, et avec eux le gouvernement (monstrueuse liason!) nous montrent le danger pour la paix publique de traduire en cours d'assises la duchesse de Berri.

Quelques audacieux empêcheront-ils donc l'administration, d'une justice souveraine? Mais nous aurons toujours des luttes partielles à soutenir contrecette persévérance du fanatisme, si vousla réprimez partiellement. Ce sont les sept têtes de l'hydre qu'il faut couper d'un seul coup. Que tous ces renégats de la France se rassemblent donc autour de leur drapeau, et qu'une bonne fois, pour toutes, ils disparaîssent comme de vils décombres au contract d'une justice sévère. Que ces anti-français qui, n'ayant pas d'autre espoir, appellent de tous leurs vœux l'envahissement de notre belle patrie pour asseoir leur fétiche sur le trône de la France profanée, que ces dénaturés courent s'aligner dans les rangs de l'étranger, qu'ils viennent combattre avec lui contre les nobles enfans de cette mère commune, et que, foulant aux pieds les cadavres de leurs frères, ils élèvent sur le pavois une famille proscrite.

« Proscrite! ont dit les légitimistes, mais le peuple n'a pas encore prononcé le divorce entre cette famille et les Français. »

Quand la révolution chassa Charles X, s'éleva-t-il du milieu de son action ou après la consommation une seule voix en faveur de Henri V? faut-il une réprobation plus énergique et plus solennelle que celle de ce silence morne qui accompagna l'ex roi et sa famille lorsqu'ils traversaient les provinces pour s'en aller à l'exil? Non, le peune montra pour les déchus que ce respect que la magnanimité accorde toujours au malheur. Suivons Chateaubriand dans son plaidoyer en cour d'assises.

Quel est, dit le défenseur, le délinquant le plus audacieux, de celui qui attaque une succession de trente six mois de durée, ou de celui qui interrompt une succession de huit siècles?

Dans cette hypothèse, qui donc, répondrons-nons, à interrompu cette succession de huit siècles, si ce n'est les ordonnances du parjure?

Mais réplique-t-on, la duchesse de Berri et son fils sont-ils coupables des ordonnances? Non; donc suivant l'ordre de successibilité la couronne appartient aux héritiers.

Mais répartirons-nous, la royauté n'est pas une propriété comme vous l'avouez vous-mêmes; la successibilité ne peut être tout au plus que conditionnelle, et dans l'orage politique de juillet la successibilité disparut avec Charles X. Cette successibilité était subordonnée à la volonté du Peuple souverain. Or, le Peuple-souverain en ce moment où, à l'abri de toute influence étrangère, son instinct était infaillible, proclama-t-il la royauté d'un descendant du dernier roi? nous avons dit comment, au contraire, il avait accompagné de sa réprobation la fuite de la famille déchue.

Dans l'hypothèse de complot contre l'État, le défenseur s'écrie : « c'est vous qui avez formé ces « complots.... Qui vous êtes vantés d'avoir été « pendant quatorze ans en conspiration flagrante « contre le gouvernement existant et par vous re- « connu. »

Puisque nous avons été pendant quatorze ans en conspiration flagrante contre le gouvernement, nous n'avons donc jamais reconnu légitime son impure origine.

A peine la France, rassasiée de victoires, se fut-elle reposée sur ses trophées, que l'étranger attentif, profanant ce repos de la gloire, vint ouvrir aux Bourbons le chemin de la tyrannie. La ligue des rois avait compris, dans ses coupables intérêts, que le Peuple-héros, à son réveil, devait trouver une liberté ou le simulacre d'une liberté dans laquelle, il consentirait à cicatriser les blessures dont vingt années de guerres l'avaient sillonné. Louis XVIII octroya aux français la Charte de 1814 qui établissait une liberté bâtarde dont le despotisme, à la première occasion favorable, devait contester la légitimité. Cependant le sentiment national, ce sentiment qui assigne aux français le premier rang dans l'échelle des peuples, vit bientôt l'affront qui l'avait si lâchement heurté. Une vengeance éclatante et subite ne sembla pas à sa générosité un moyen honorable de détruire de fond en comble la combinaison des tyrans, et se contenta de prouver par ses constantes démonstrations, son incompatibilité avec le gouvernement Russo-Bourbonnien. Voilà pourquoi et comment, nous avons été pendant quatorze ans en conspiration flagrante contre le gouvernement; et, nous le proclamons hautement, les ordonnances de juillet n'ont fait qu'accélérer la chûte que l'invincible force morale aurait infailliblement et bientôt amenée.

« Les troubles avaient éclaté dans l'ouest, dit, l'avocat légitimiste, antérieurement et ont continué postérieurement à la présence de *Madame*. Madame le duchesse de Berri n'a donc point commencé la guerre civile, cette guerre a dû sa naissance à la royauté élective etc. »

S'il y a crime à commencer une guerre civile, il y a moralement plus de crime, ce nous semble, pour un tiers, à la continuer. Est-ce pour porter la paix que la duchesse de Berri est venue en France souffler le feu encore faiblement allumé des discordes civiles? Puisqu'elle venait défendre les droits des Français, se rendre à leurs voeux; ne se serait-elle pas montrée plus avare de sang cette *pieuse* mère, en en arrêtant l'effusion, et abandonnant sa *noble* cause à l'irresistible action de la force morale. Napoléon, de l'île d'Elbe est arrivé droit à Paris, et une goutte de sang n'a pas taché son triomphe. . . . .

Nous n'exigeons pas que l'ex-princesse admette

le principe dont nous partons, qu'elle trouve que nous ayons bien fait d'ôter la couronne à son fils; mais nous exigeons qu'elle ne vienne pas rêver son droit, tranquillement assise au milieu d'une mare de sang français qu'elle aurait fait répandre. Elle l'a fait, eh bien! qu'elle subisse la vengeance des lois.

Mais il serait impossible de plaider contre Madame comme on plaiderait contre un accusé dans une condition privée. Les mots changeraient d'acception; un crime deviendrait une belle action, le vice se changerait en vertu, le mensonge serait une vérité; sans doute, il s'agit d'un membre d'une famille qui a régné! *C'est toujours dans ces fictions que nous aimons à vous faire réfugier.* Sera-t-il un homme qui ne saisisse tout le ridicule et tout l'odieux d'un si étrange raisonnement! Si nous voulions nous arrêter plus longtemps à cette misérable assertion, nous demanderions : quel est l'article de la charte, celle même de 1814, qui declare inviolables tous les membres de la famille regnante? Sauf erreur, ce n'est exclusivement que le roi qui se trouve investi de cette fiction de l'inviolabilité

Nous sommes arrivés à ce degré de civilisation où un homme, qu'on appelle roi, reçoit conditionnellement du peuple le soin de le gouverner. Si ce roi remplit avec dignité les augustes fonctions dont il est revêtu, honneur, respect, amour à lui!

Mais si, abusant de tant de confiances qui viennent aboutir à lui, il convertissait en despotisme le pouvoir qui lui est dévolu, qu'il tombe, et que sa chûte soit d'autant plus terrible, que sa position est plus élevée, et que son crime est plus grand!

Ainsi, sans nous attendrir d'avance sur la chûte de tel roi ou de telle reine, nous nous empressons de rechercher s'ils sont ou non tombés justement.

On met dans la bouche de Mad. Berri ces mots de Marie-Antoinette. « J'en appelle à toutes les mères, » nous aussi, nous en appelons à toutes les mères! Quelle bonne mère irait déshériter la vieillesse d'autres mères de l'appui consolateur de leurs enfans, en les sacrifiant au gré de son ambition? Quelle bonne mère, au contraire, en apprenant la mort violente et prématurée d'un enfant d'une autre mère, ne se sentirait le cœur saignant, frappé du contre-coup, surtout quand cet enfant était nécessaire au bonheur, même matériel, de celle qui en est privée

Combien d'hommes Mad. Berri a fait égorger, qui soutenaient du produit de leurs sueurs l'impuissante vieillesse de leurs mères!!

Fils infortunés qui veniez tous les soirs partager avec des parens riches de vos vertus, le faible produit d'une pénible journée, et qu'une injuste mort a si prématurément moissonnés! Que vos ombres reposent en paix! Vous n'avez pas emporté dans la tombe la malédiction de votre patrie.

Et vous, malheureuses mères qui pleurez sur la tombe de vos enfants! Venez nous dire comment ils ont été arrachés à la paix de vos foyers domestiques ; venez nous dire quelle puissance a pu les ravir à votre tendresse.

Hélas! on vous a trompées, des paroles traitreusement mielleuses d'hommes masqués du manteau de la religion ont surpris votre crédulité facile ; et ces hommes habillés de noir se sont servis de vos enfans que la vertu et la tempérance rendaient si robustes, comme instrumens de leurs crimes.

D'autres hommes ont lâchement mis à profit l'ascendant qu'ils avaient sur vos esprits ignorans du mal, pour vous montrer un bonheur imaginaire, et pour légitimer à vos yeux leur projet criminel : et ces aristocrates vous auraient méprisés comme des instrumens bruts, s'ils avaient réussi dans leurs infâmes machinations.

Prêtres infâmes, qui tournez la sublime et pure morale de Jésus en proscription sanglante! Le sentiment d'humanité vous est-il, donc entièrement inconnu! honte! opprobre! sur vous!

Et vous aristocrates, pour qui la liberté n'est qu'un mot vide et abhorré, parce qu'il n'a pas d'écho dans vos âmes de boue, parce que vous voudriez être esclaves, pour avoir des esclaves à votre tour! Espérez - vous donc asseoir votre domination sur les débris sanglans de votre patrie?

On, cite pour le mettre à profit, un fait dont la dissemblance avec celui qu'on débat ici est trop grande pour que le rapprochement soit possible. On dit que nous approuvons la légitimité à Porto, et que nous la condamnons dans la Vendée.

Entre don Pédro, reconnu par le peuple héritier des états de son père, laissant la régence d'une partie de son héritage à son frère qui s'en empare, tandis qu'il va lui-même régner dans une autre partie, et Mad. Berri condamnée par le peuple à suivre sa famille en exil, il y a, ce nous semble une énorme différence. Mais, sans nous arrêter plus long-temps à la différence de position qui sépare l'ex-Empereur du Brésil, de l'ex-Princesse de France, nous dirons qu'en appuyant de nos secours et de nos voeux l'entreprise de don Pédro, nous n'avons nullement en vue de défendre la légitimité, mais bien l'entreprise légitime. Nous désirerions de toutes nos forces, en faveur de l'humanité, mettre un roi libéral à la place du ministre-roi, du monstre du Portugal.

On veut encore trouver une contradiction, en ce que d'un côté nous crions contre la guerre civile, et que, de l'autre, nous la louons dans l'expédition des cent-jours.

Il s'agit de s'entendre sur ce qu'on appelle *guerre civile*. Nous, nous appelons guerre civile, la collision armée des citoyens d'une même patrie ; et l'effusion de sang qui en résulte. Et l'on sait bien que ce n'est pas ainsi que s'est faite l'expédition des Cent-jours. L'univers sait bien aussi, que, pouvant disposer encore de 40 mille braves, nombre que le dévouement rendait si formidable, le magnanime Empereur aima mieux renoncer à la couronne que la conserver au prix du sang français, versé par des mains Françaises. Et de là on veut tirer une induction en faveur de Mad. Berri savoir, que cette femme n'a jamais renoncé pour son fils à la couronne de France, comme Napoléon l'a fait pour lui et ses héritiers.

Mais vous vous accablez vous-mêmes du poids de l'induction ; vous mettez en regard la magnanime générosité de Napoléon, avec la sordide ambition de Mad. Berri. Pensez-vous qu'il en résultera un bénéfice pour celle-ci?

On s'arme contre nous d'une dernière soi-disant contradiction, et on nous dit: » Pourquoi vos compatissances pour le soulèvement de la Pologne, et vos anathèmes contre le soulèvement de la Vendée? Une province, un pays ne peuvent-ils pas prendre les armes, quand ils se sentent blessés par le gouvernement auquel ils obéissaient? »

On ne s'attendait guère à voir la Vendée entrer en ligne de comparaison avec la Pologne. Le soulèvement de la Pologne a eu pour objet de secouer le joug de la conquête, de briser les chaînes de l'esclavage, de recouvrer une nationalité usurpée ; et la Vendée, frêle fragment d'un grand royaume, a montré sa méprisable colère contre la France, et a rêvé qu'elle pouvait empêcher la liberté que la France promet. Autant nous avons d'admiration pour l'héroïsme de la Pologne, et de respect pour son malheur, autant nous avons pour la Vendée de mépris pour sa colère, et d'horreur pour ses crimes.

Oui, nos compatissances pour la Pologne sont vives et profondes! Oui, nous voudrions partager avec elle cette liberté chérie qu'elle a si long-temps et si héroïquement défendue. Elle comptait pour l'accomplissement du grand œuvre sur la coopération de ses anciens frères d'armes, de ceux avec le sang desquels elle a si souvent mêlé un sang ami à travers tant de champs de bataille. Mais un génie malfaisant qui en a eu le pouvoir a arrêté en chemin l'élan fraternel de la France, et a laissé la Pologne s'ensevelir dans sa gloire.

Mais la France a foi dans l'avenir. Vous aussi précieux débris polonais! conservez votre foi dans l'avenir, votre nationalité revivra! Voyez-vous cet horizon de couleur d'or qu'un seul nuage vient salir? ce nuage disparaîtra, et sur l'horizon pur et sans taches se levera un beau soleil qui, embrassant l'univers de ses rayons vivifians, le transformera tout entier ; car ce sera alors le soleil de la liberté !

Non, vous n'avez jamais accusé la France, vous ne l'accuserez jamais. Vous savez combien d'anathèmes ont abîmé cette voix qui, du milieu d'une assemblée solennelle, fit entendre ces paroles impies : *L'ordre règne à Varsovie!* Infernale ironie ! L'ordre règne à Varsovie ! quand le boucher du nord livrait à ses dogues la chair palpitante des héros polonais !

Enfin on nous dit : « Si vous voulez prendre la cause philosophiquement ; dire que la légitimité est un système inapplicable aux temps et aux mœurs.......... Puisque *Madame* n'est qu'une opinion morte en France, il suffit de la reporter à l'étranger. «

Nous savons, *comme vous*, que Madame n'est pas une opinion tellement morte, qu'elle ne puisse encore, par son influence sur quelques misérables, répandre du sang dont elle a soif ; et nous ne pensons pas que la philosophie enseigne de conserver le mal quand on peut le détruire. Nous connaissons trop la famille Bourbonnienne, pour ne pas savoir que l'échec d'une première entreprise ne rebute pas sa criminelle ambition. Au résumé, Mme Berri tentera encore ou ne tentera plus semblable entreprise. La paix publique de la France peut-elle se croire à l'abri sous cette éventualité ?

S'étayant de la souveraineté du peuple, le défenseur légitimiste, (lui légitimiste !) ne fait que répéter ce que nous avons si souvent répété, quand il conteste à quelques députés sans mandat, le droit de disposer d'une couronne au nom du peuple qui n'avait pas été préalablement consulté.

Loin de nous élever contre l'argument, nous, hommes de Juillet, nous le revendiquons, il est à nous, il n'appartient qu'à nous seuls.

Mais vous, légitimistes, êtes-vous de bonne foi, quand vous arguez de la souveraineté du peuple? vous qui êtes diamètralement opposés à ce principe! vous qui appelez la légitimité à d'autant plus haute voix, que ce système suranné est plus loin de nous, pour la jeter en travers du chemin que doit parcourir le char de la civilisation, et empêcher celui-ci de marcher ! C'est la pure morale de Jésus, parlée par un hypocrite infâme ; ce sont des paroles de vertus articulées par un homme au cœur vicieux et corrompu ; c'est vouloir détruire un méfait, pour arriver à un grand crime!

Nous vivons dans un temps où l'imposture ne peut se cacher si profond sous le masque de la vérité, qu'on ne lui découvre bientôt *le bout de l'oreille*.

Ne vous affublez donc pas d'autres formes, pour le succès de votre infâme cause. On vous connait. Vous êtes démasqués une fois pour toutes aux yeux de la France entière. La Marche du siècle a refoulé votre principe usé jusques aux temps de barbarie où il a pris naissance!

Vous-mêmes n'attendez pas une réprobation plus énergique, ne souillez pas plus long-temps le sol libéral de notre belle France. Allez vous enfoncer dans quelque pays encore incivilisé où votre abjection ne sera pas déplacée?

Toutefois, avant de quitter cette terre, tentez un dernier effort, et, en présence de Mad. Berri, parlez à la France, elle veut vous entendre.

Etablissez théologiquement que Madame la duchesse de Berri, fille de Charles X, mère de Henri V, sœur du dauphin et de la dauphine, du roi de Naples, de la reine d'Espagne, la nièce de l'Empereur d'Autriche, et d'un roi et d'une princesse maintenant sur un trône en France, usant du droit qu'elle a reçu de Dieu s'est transportée en France d'où quelques athées l'avaient impitoyablement chassée, et que, dans une partie de ce royaume, qu'on appelle Vendée, elle a trouvé des hommes toujours fidèles à la loi de Dieu, desquels hommes elle a entouré son bon droit, après les avoir dûment armés, *parce qu'il faut rattacher au droit divin la prévoyance de la sagesse humaine*; que ces mêmes athées, s'obstinant à méconnaître son pouvoir bénévole, elle a voulu les y contraindre par les armes; que cette extrémité, à laquelle elle a été forcée d'en venir, a fait couler des flots de sang; mais qu'elle ne doit pas en rendre compte, ce sang lui appartenait incontestablement par droit divin, elle pouvait en disposer à son gré, et d'ailleurs le bienfait de la légitimité dont elle venait gratifier la France était une large compensation.

Dites que dans le cas où sa légitime cause ne serait pas couronnée d'un succès rapide, car on voit trop souvent dans le monde le vice briller vainqueur sur la vertu opprimée, *Madame* pensait tout au moins faire une diversion favorable à l'invasion de nos bons alliés, qui, Dieu aidant, l'auraient réintégrée dans la possession d'un trône usurpé sur elle! Puis, pour corroborer cette dernière assertion, déroulez ces quinze années de paix, de prospérités et de gloire, âge d'or, hélas! trop court, que nous avaient si gracieusement procuré ces mêmes bons alliés; âge où chacun recevait le bienfait d'une justice distributive, où on savait, *sans privilége*, mettre à prix la tête de l'usurpateur Bonaparte, condamner à mort les traîtres Ney, Mouton-Duvernet, Fauché frères, etc., etc.

Comment! du milieu des palais où elle jouissait sans frein et sans contrainte des plus délicieuses voluptés de la vie, où elle pouvait donner des fêtes brillantes de luxe et de gaieté, pendant l'exécution de Bories et de ses amis, elle a été précipitée dans l'infortune d'un exil *opulent*! Comment! n'ayant en vue que le bonheur de la

France, armée de ce noble courage que sait donner une si belle cause, cette femme inspirée a daigné recevoir l'hospitalité aux foyers des paysans! Elle a pu traverser l'eau d'un ruisseau qu'il était humainement impossible de franchir; elle a pu braver les piéges des espions! Pourrait-on ne pas admirer cette mâle intrépidité? Et, enfin, cette veuve nourrie de mêts moins succulens même que les mets de la cour, auprès de ceux qui se nourrissent péniblement du produit de leurs pénibles journées; bien vêtue, auprès de ceux qui souffraient le froid, trouve, pour prix de son sublime dévouement, un château pour prison. Ingratitudes humaines!

Ensuite, élevez-vous avec toute l'indignation qu'il mérite, contre le juif de Cologne qui a vendu pour de l'argent, comme Judas vendit Jésus, celle qui ressemble si bien en effet au rédempteur des hommes. Puis, vous montrerez la différence qu'il y a entre ce marché et celui qui procura la saisie de Berton, Caron, etc.; car celui-là s'est exécuté sous l'influence la plus éminemment infâme, et la loyauté et l'honneur ont présidé à celui-ci; car l'un a été marqué du sceau de la réprobation par la France entière, et l'autre a été solennellement applaudi par un officier-général au nom du roi et de la France. Qu'est-il besoin, au reste, de faire ressortir l'énormité de cette différence, quand on sait l'infinie distance qui sépare de simples hommes *d'un membre d'une famille qui a régné.*

Attendrissez-vous sur le sort de celui qui fut notre roi, de cet auguste vieillard aux cheveux blanchis sous le poids d'une couronne, de ce monarque paternel qui voulait nous gratifier d'un bonheur que nous ne savions pas comprendre, lorsqu'il remplissait les rues de Paris de carnage et de sang; et qui reçoit, dans la douleur de l'exil, la nouvelle de la catastrophe de sa fille qui devait lui rouvrir le chemin de la France, et lui céder une petite fraction de ce sceptre que naguère il a tenu tout entier, et que le magnanime Charles aurait accepté sans rancune!

Parlez-nous du Dauphin, ce héros du Midi, le vainqueur du Trocadéro, lequel, quoique exilé par la France, sera toujours pour elle un digne objet d'admiration! Comparez-le à ces illustres Romains qui, après avoir, par leur héroïque valeur, déterminé la victoire en faveur du peuple-soldat, étaient condamnés à l'exil par ce même peuple jaloux de leur gloire. Mais ces ingrats Romains ne conservaient pas moins pour celui qui avait été leur général cette admiration que commande une haute valeur!

Parlez-nous encore de ce *parangon de vertu et de douleur*, de *madame la Dauphine*! de ce prodige de réminiscence qui ne se rappelle jamais la mort de Louis XVI, sans se rappeler aussi la phrase d'un empereur romain (1), qu'elle sait si bien *par cœur*, et que, si elle pouvait se réaliser, madame la Dauphine aurait le mâle courage d'exécuter!

Enfin, opposez l'irrésistible argument de l'inviolabilité, de la légitimité, du droit divin, à l'importunité de ces infortunées mères qui, traînant avec elles les infirmités de la vieillesse, oseront vous demander compte du sang de leurs enfans, de ces enfans qui savaient les consoler de tous les maux de leur âge! à ces jeunes orphelins qui, avec les cris plaintifs de l'innocence, viendront vous demander leurs pères! à ces veuves qui, frappés au cœur par une douleur poignante et continüe auront oublié votre droit, et vous réclameront leurs époux! Et, par ces faits et considérations concluez à ce que Mad. la duchesse de Berri soit portée en triomphe sur le trône de ses pères; en supposant que l'auditoire ait pu vous entendre si long-temps, et que, rempli d'indignation, il se soit porté contre l'accusée à des excès que nous déplorerions profondément.

Votre parole a déjà circulé dans toute la France, maintenant consultez ses regards; lisez dans ses yeux son inexorable sentence. Encore

(1) L'empereur Caligula disait qu'il voudrait que le peuple romain n'eût qu'une seule tête pour avoir le plaisir de la faire tomber.

une fois, n'attendez pas une réprobation plus sensible ; désespérez d'attendrir sa magnanimité par vos impuissantes palinodies : vous n'avez plus rien à attendre de sa part ; et vous le savez bien ! Aussi n'est-ce pas là votre but. Nous le connaissons : vous criez à l'étranger : Venez, venez, nous vous aiderons puissamment de nos persévérantes machinations : c'est le seul espoir qui vous reste. — Mais courez donc mendier de plus près l'assistance de l'aristocratie étrangère ; allez, et servez d'avant-garde aux armées ennemies de la France !

Et nous, Français de la jeune France, qui avons pour mot de ralliement, *Liberté* ! accourons nous ranger sous le drapeau magique ; qu'animés du même feu, et forts de notre sublime cause, nous présentions un rempart impénétrable aux coups de nos adversaires. Que ceux-ci disparaissent, comme la vile poussière, au vent, à l'aspect des nobles couleurs qui couronneront nos têtes. Ou, si un destin ennemi réserve à un autre temps le triomphe de notre cause, entourons nous, comme d'un linceul, de la bannière tricolore ; et, avant d'expirer, faisons entendre aux vainqueurs ces accens d'une voix inspirée : *L'avenir est à la Liberté* !

En attendant, que tous les amis de la patrie, écrivains, journalistes, orateurs, s'efforcent de ranimer ce feu patriotique de Juillet, qui n'est pas éteint dans le cœur des Français, mais dont une cause malencontreuse a peut-être diminué l'ardeur.

Qu'ici, en particulier, M. Cauchois-Lemaire reçoive le tribut de nos hommages. Son entreprise noble, généreuse, lui a acquis les plus justes droits à la reconnaissance de tous les amis de la liberté. La magistrature immense dont il est investi ne peut être dignement remplie que par ce patriotisme aussi pur qu'éclairé que nous lui connaissons.

D'honorables journaux de l'opposition ont traité de *courage* cette disposition par laquelle madame Berri s'est portée à l'entreprise de la guerre civile. Nous n'attachons pas au mot *courage* la même acception. Le courage, suivant nous, est cette disposition élevée de l'âme qui, commandant, en quelque sorte, l'abnégation de soi-même, nous porte à un acte hardi et périlleux, et qui a pour motif préexistant la loyauté, l'honneur. Or, nous le demandons, madame Berri se trouve-t-elle dans cette position? Il n'y a pas même hardiesse de sa part; car a-t-on jamais vu cette femme combattre à la tête de ses dévoués brigands? Non, elle commandait par des proclamations; elle donnait des ordres du coin du feu, ou reculée à l'abri derrière une épaisse haie. C'est donc souiller le mot de *courage* que de l'appliquer à madame Berri.

CONCLUSION.

Le principe de trois pouvoirs distincts et indépendans étant consacré par nos lois fondamentales ;

L'usurpation des droits de l'un par l'autre ne devant produire que confusion de pouvoirs, la violation de la Charte, et, partant, l'enlèvement de toutes garanties de nos libertés,

Pour conclusions, nous demandons que le cours ordinaire de la justice interrompu, soit rétabli, et que madame Berri soit renvoyée devant les tribunaux qui ont *légalement* commencé une instruction contre elle.

Quel que soit le jugement qui advienne, il sera religieusement respecté. Et dans le cas où madame Berri serait condamnée, nous appellerions la clémence royale à faire usage en sa faveur de la plus noble des prérogatives de la couronne ; non en considération du prétendu courage de la condamnée, ni de son sexe, ni du préjugé monarchique dans lequel elle aurait été élevée, mais bienpour la seule irréparabilité.

Puis, que madame Berri soit reportée loin dans le sein de sa famille, et qu'une loi ultérieure, revêtue d'une sanction pénale sévère, prévienne à jamais son retour sur la terre de France.

Si, bravant le sort que rencontra le roi Murat sur les côtes de Naples, un membre de la famille bannie, poussé par une ambition furibonde, reparaissait encore sur le sol de notre patrie, et que, s'armant de quelques idolâtres qui lui restent en Vendée, il se disposât à tuer de nouveaux Français, cette fois, patriotes, levez-vous, et frappez!

Louis-Philippe! Tu es assis sur le plus beau trône du monde; nous désirons sincèrement que tu t'y maintiennes; car peu nous importe que le chef de l'État s'appelle roi, président, consul ou dictateur! Mais, prends y garde! la révolution de Juillet est une beauté trop vertueuse pour pouvoir espérer de vivre en concubinage avec elle. Épouse-la donc légitimement, et ta dynastie, identifiée avec la liberté, trouvera dans tous les Français de dévoués défenseurs! tu seras le roi bien-aimé de la grande nation.

FIN.

Paris. — Imprimerie de Aug. MIE, rue Joquelet, n. 9.

www.ingramcontent.com/pod-product-compliance
Lightning Source LLC
LaVergne TN
LVHW020310230826
846091LV00006B/2625